DENN DIE NACHT
IST DER SPIEGEL DER STERNE

Abend- und Nachtgedichte

VERA HEWENER

Über das Buch

Die Nacht hat viele Facetten: schaurig schön, tief dunkel, zauberhaft zärtlich. Sie ist Ruhepol, Schlafhaus und Traumplatz. Das Buch versammelt neueste und ausgesuchte Gedichte über den Abend, die Nacht, den Mond und die Sterne aus dem Werk von Vera Hewener zum Schmökern, Träumen, Nachsinnen und Innehalten. Den Kapiteln vorangestellt ist die soziokulturelle Bedeutung und wissenschaftliche Betrachtung der Nacht. Den Leser erwarten „große lyrische Stimmungen", „beeindruckende Gedanken" (SZ 16.06.03), „Wortkunstwerke" (SZ, 07.11.2011).

Über die Autorin

Vera Hewener, Dipl.-Sozialarbeiterin, Jahrgang 1955, lebt als freie Schriftstellerin in Püttlingen, mehrfach ausgezeichnet, u.a. vom Centro Europeo di Cultura Rom (I) Superpremio Cultura Lombarda 2001, Superpremio Mondo Culturale, 2002; 1. Preis Deutsche Sprache CEPAL Thionville (F) 2004, Trophäe Goethe 2007, Trophäe Mörike 2015, Wilhelm Busch Preis 2017.

Pressesplitter

„In Heweners Gedichten überlagern sich die Zeiten und Epochen. Die Vergangenheit ist in ihren Zeilen ebenso nah wie die Gegenwart. Die Gedichte sind im wahren Sinne des Wortes farbenfroh. Vera Hewener versteht das Handwerk des Dichtens. Oft geht sie ungewöhnlich um mit ihrem Material." SZ, 29.07.2009 Beatrix Hoffmann.

DENN DIE NACHT
IST DER SPIEGEL DER STERNE

Abend- und Nachtgedichte

VERA HEWENER

Die Deutsche Bibliothek verzeichnet diese Publikation in der Deutschen Nationalbibliografie; detaillierte bibliografische Daten sind im Internet unter www.http://dnb.dnb.de abrufbar.

Herstellung und Verlag:
BoD - Books on Demand
Norderstedt

Printed in Germany
1. Auflage 2022
ISBN 9783755730125
9,90 €

Inhaltsverzeichnis

Die Abenddämmerung

Der Abend ist die Zeitspanne zwischen Nachmittag und Nacht. Zwischen dem Tag und der Nacht findet die Abenddämmerung statt, der abendliche Übergang von der Helligkeit des Tages zur Dunkelheit. In der Antike umfasste der Abend den Zeitraum vom Anfang der zehnten bis zum Ende der zwölften Stunde. Kurz vor Sonnenuntergang beginnt die Blaue Stunde. Ihren Namen verdankt sie der tiefblauen Färbung des klaren Himmels in dieser Zeit. Verursacht wird sie durch die unterschiedliche Streuung des Sonnenlichts in der Atmosphäre aufgrund des Tiefstandes der Sonne unterhalb des Horizonts zwischen 4 und 8 Grad und durch die Filterwirkung der Ozonschicht. Das Alpenglühen bezeichnet die Wirkung, die das Streulicht des Sonnenuntergangs und Sonnenaufgangs im Gebirge hat. Die Felshänge und Schneeflächen reflektieren dieses Licht rot zurück. Das Alpenglühen wird abends durch den Purpursaum der Gegendämmerung verstärkt, wenn im Osten nach Sonnenuntergang der Erdschatten aufsteigt.

Mit Abend wird auch ein ganzer Tag bezeichnet wie der Sonnabend als Vortag des Sonntages oder der Heilige Abend als Vortag des Weihnachtsfestes. Vor einigen Hochfesten des Kirchenjahres wird die abendliche Vesper, die Nachtwache oder nächtliche Gebetswache, die Vigil, gehalten (z.B. Christmette, Osternachtsfeier). Die Musik hat für den Abend eigene Kunstformen wie die Serenade, oder Nocturne ausgebildet. Mozarts Kleine Nachtmusik erfreut sich auch heute noch größter Beliebtheit.

CB&O

„Jeden Abend sind wir um einen Tag ärmer."
Arthur Schopenhauer

„In den Dämmerungen regiert das Herz." Jean Paul

Im Irrlicht

Abendsonne setzt den Goldstift
unter die Tagestönung
Signatur der blauen Stunde

Kirschlorbeer und Schmetterlingsflieder
flüstern mit der Gartenzeile
Stühle paaren sich unterm Nussbaum

Fassadenrot zersplittert im Wasserspiegel
Goldfische springen im Pulk aus dem Teich
formieren sich vor dem Einschlag der Fischreiher

Vögel verfliegen sich
manchmal verfehlen sich Menschen auch

Spurensuche

Der Himmel brennt, er schneidet Feuerschluchten.
Allee des Lebens, du ziehst so rasch vorüber,
wirst unverhofft zum schnellen Herzbetrüber.
Die kalte Kraft beginnt im Tag zu wuchten.

Und in den letzten aufgehellten Buchten
verglimmt der Docht als treuer Nasenstüber.
Der weiße Rauch legt sich als Schutz darüber
im Augenblick des Abschieds aller Fluchten.

Was jetzt vergeht, ergibt sich bald in Spuren.
Ich suche mich, ich suche dich zu finden.
Ein später Zweig will unsren Baum umwinden.

Den Totentanz vollführen schon Auguren.
Wo meine Hand in deiner Hand uns bindet,
verliert das Grau, der Sterbeton, er schwindet.

Abendweihe

Das Licht zerrinnt, vergilbt im Schweiß der Stunde,
die taggewandt ihr letztes Müh'n beschließt.
Als Abendrot im Horizont zerfließt,
entflammt das Grau, verbrennt das Blut der Wunde.

Und ihre Asche graut der Glut. Die Kunde
des Niedergangs sich übers Land ergießt,
die auch den späten Strebenden verdrießt.
Sie dunkelt alle Hast und Eil' zu Grunde.

Die Abendweihe schweigt. Das flammende Inferno
versank im schwarzen Blau. Ich spür im Glas
des Fensters Sturm, der jene Stille fraß,

die mir vertraut, sich nach dem Licht bemaß,
das von den Nächten kommt, vom Sterbemaß.
Es zwingt zur Ruhe den, der sich verfängt in Loh.

Im Schatten der Basilika

Rot leuchten die Schotterpfade
zwischen den Grasgärten,
die hinausführen auf enge Gassen,
wo Kopfsteinpflaster im Nachhall singt
und sich mich sakralen Tönen durchmischt.

Im Schatten der Basilika
hoffen Besucher auf das von Liebe gedrängte Wort.
Die in den Kneipen Distanz bewahren,
sitzen hinter diskreten Fenstern.

Schließlich weitet der schmale Weg
den Blick auf den Markt in Sankt Johann,
wo der Brunnen Vergessenen Wasser spendet,
inmitten des Stimmengewirrs,
das von den Ständen herüberbricht.

Im täglichen Handel treiben Kopf oder Zahl
ihren Schabernack bis in spätere Stunden,
wenn der Platz von Kaufresten gereinigt
und auf sauber geputzte Menschen wartet.

Schaumgefüllt sind die Gläser,
die jene Gäste zum Mondlicht halten,
das still ihre Abgänge empfängt.

Saarbrücken

Römische Gärten der Villa Borg

Römischer Duftfall
Buchsbaumteppichen zu Füßen
auf der Suche nach liebesblauen Blumen

Tropfenträume auf weißem Brunnengehöft
zerspringen auf der Auffangschale
tausendfache Lichtsplitter

Najaden entschweben
weben auf der Ruhebank
Brautschleier für die Heere Jupiters

ich sinne auf der Erinnerungsinsel
Hochzeiten der Römerseele nach
venusisches Geträum
aus vergangenen Berührungen

wie schlicht sie mir scheinen
beim Aufgang der Plejaden
sieben Punkte im Dämmerungshimmel
die noch immer die Richtung ausleuchten

Perl

Abends am Fenster

Stille schmiegt sich
an die Türme des Püttlinger Doms
Köllertals Nachtwachen

den Straßenlauf durchmisst der Mond
hinterlässt Bronzespuren
die im Strom der Dunkelheit
Silhouetten werfen

gleißendes Scheinwerferlicht
blendet am Sprenger Forst
gleitet hinunter
beleuchtet die Schatten
der Herz-Jesu-Kirche

im Fenster spiegeln sich
Sternbilder des Nachthimmels
hauchen ihr Schweigen
in die Räume der Ruhenden
die vergessen
nach Träumen suchen

Püttlingen-Köllerbach

Untergang

Ich will das Glühen
nicht versäumen,
das den Untergang bestimmt.

Seltsames Rot,
das den Horizont noch einmal
warm durchblutet.

Nacht tropft
aus der Wunde
blau gestillten Vergehens.

Und in den Adern der Zukunft
pocht der Traum.

Abends

Blätterfall am späten Abend
richtet Nester knisternd ein,
dass die Schwärze dieses Tages
durch die Nacht verdunkelt wein.

Heimlich flüstern helle Laute,
Stimmelflehn erweckt den Stamm.
Und er hält den Spätbesucher
in den Zweigenarmen warm.

Nachtlaterne Eulenaugen
winken still die Richtung ein.
Und der Mondbug stellt die Weichen
für die Paarreisenden ein.

Dunkelstaub ein Licht

graue Farbrisse zögern
Nachtfalken fliehen

Abendschlummer

Heut Abend rollt der Himmel Dunkelfalten,
er dämmert müde, hat das Blau verlieh'n.
Die Sonne sich zurückzieht, ist am Flieh'n,
ein wenig blitzt sie noch durch Wolkenspalten.

Die Vögel unterm Dach schalten und walten,
die Schnäbel plärren Hungermelodien.
Zikaden zupfen Grasharfenpartien
und Eintagsfliegen werden Nachtgestalten.

Im Sessel ruh ich aus, seh' Lichtgespinster.
Der Mond schon zwischen Sternen silbern blinkt,
als ob von oben einer mir zuwinkt.

Die Hummel brummt und süffelt noch im Ginster.
Ich süffle mit, der Schlaf befällt mich frommer.
Die Luft mich wärmt, ich spür, bald wird es Sommer.

Nachtschattenhimmel
zieht davon Nachtigallen
stimmen die Töne

Zeit der Stille

Fast kahl geweht erstarrt Gehölz der Zweige.
Im Astwerk schwingt Novembers kühle Seele.
Kein Blütenstaub und keine Vogelkehle
im Nass verbleibt. Der Wärme letzte Steige

Gewölk zersprosst. Das Licht geht still zur Neige.
Es flüstert noch, dass bald das Helle fehle,
doch auch das Grau den Wandel nicht verhehle,
der sich vollzieht, wenn es nun schweige.

Die Stunde bricht mit seinem Aufbegehren,
versinkt im Tun und lässt die Zeit entfließen.
Die Hände ruh'n im Schoß der Nacht, verließen

des Eiferns Weg. Den Schatten sich erwehren
Kamines Knistern, lädt ein uns zu genießen
das Stundenwort, die Stille zu erschließen.

Lampen bewohnen die Häuser
lärmende Kinder zuletzt
unterm Kirschbaum
Frauenhände mit Mütteraugen
über Tischen und Betten
Nachtgeruch

Langes Stehen
am schweigenden Fenster
ein Blick hinaus
auf dunkle Dächer
über beleuchteten Stuben

Nachtwind mit Blütengeruch
süß das Wachstum der Gärten
offene Hände und Worte
mit Seelendurst
ein Laden wird heruntergelassen

Draußen

Draußen kehrt Schweigen ein
in den Straßen
Dunkel fällt über Dächer
und Terrassen
Winken macht keinen Lärm
unter Neonlampen
die sich Zeit stehlen
tun dies so leise wie möglich

Doppelpunkte der Dämmerung

Der Blick verschwimmt
in den Doppelpunkten der Dämmerung
das Schlepptau einer Bö
fegt in Intervallen das Grau des Firnis
hievt die aufkommende Nacht
auf Sternpfähle

Zinnober senkt sich
in die Fugen der Farblosigkeit
einer Angst der Ausweglosigkeit gewiss
löst sich im Labyrinth
des täglichen Absinths aus
und ergreift Seefahrer
wie Bodenständige

am Stock der Zeit
rühren nicht Gebote und Gesetze
Menschen sind das Machwerk
göttlicher Eingebung
und frei
von unabänderlichen Dogmen

Ramsgate, England

Letzter Versuch

Nachtgelbes Phosphor
glänzt über der Meerhaut
vom Kommenden
trennt das Vergehende
ein schwarzer Strich

Der Wellenmantel
schlägt um sich
als wollte er das
Unausweichliche abschütteln

Schwanengesang

Kupferwurf der Sonne
Schattenfall
Rotlicht
im Regenrost
zugeblättert
brauner Harsch
ehe Winterschläfer
das Unterholz besiedeln

all meine Schwäne
wildern über die Hügel
fliegen auf weißen Flügeln
den Glast aus
den das Dämmern übrig ließ

Schlossgeister

Den schlohweißen Hals zugeneigt
Schnabeltanz
Schwanenküsse am Schlossrand
Grünspan umzäunt
Feldweg gesäumt

Goldfunken im Himmelsgranat
quellen ins Tannengehölz
Grünbrand letzten Lichts

Schafe sich wohlig wärmen
zögern zwischen Wolkenrissen
hinaufblökend zum vollen Mond
im wilden Schrei Vögel schwärmen

Gewölk Geisterbeschwörung simuliert
Odem verströmend
aus neunzehn Generationen

Holztüren knarren
Fensterlädensparren
verdecken bröckelnden Putz

Spitztürme wachen
Monhoudous Lachen
jagt die Nachtschatten
der Dämm'rung

Chateau Monhoudou

23

Dämmerung

Welch glitzernder Sonnenfunk am Abend
Motordüsen eines Sportflugzeugs
brabbeln unter den Wolken
Auflösungszeichen der Stille
blauer Stunden

im Schatten der Pinien
huscht ein Pelztier am Stamm entlang
springt im Labyrinth der Zweige
mit der leichten Brise hin und her

unter dem Himmel fließt alles ineinander
Rotes Goldenes Grünes Blaues
die scharfen Spitzen der Nadelbüschel
stechen weiße Punkte in alles was untergeht

Kugellampen werfen Doppelpunkte
welche lichtscheu Schattenkreise
auf schmale Wege malen

das Auge bahnt der Ferne die Richtung
die unablässig Erkennbares
ins Dunkel drängt

der Blick fällt zurück auf das Farbenspiel
das im hohlen Schlund
des Horizonts langsam verschwimmt

La forêt de pin, Le Porge

Jahreswechsel

In den beißenden Frost hinaus.
Ein Atemnebel züngelt. Kältestoß.
Jemandes Pulsschlag friert im Schoss
verhärteter Landschaft. Im Garaus

der Farben lodert Wangenrot.
Wie es knittert in den Einsamkeiten.
Sprosst aus schneeweißen Wendezeiten
Kristallglanz. Eiszapfen senden das Lot

zur frühen Nacht, die Licht verdrängt.
In den dunklen Gefächern klirrt
sphärisches Glockenspiel, das flirrt

zwischen vereisten Neonröhren. Anfängt
erbarmungslos das Jahraus bei dem Versuch,
Strenge zu mildern. Brandgeruch.

Winterspuk

Die Sonne setzt müde zum Sinkflug an,
der Abend dämmert, es wird bald schneien.
Drei Katzen jammern, ein lautes Schreien,
im Garten hüpft wie wild ein Butzemann.

Er hämmert fest gegen die Fensterscheiben
und springt und singt in schaurig lautem Ton,
ruft wie von Sinnen: „Bringt mir euren Sohn,
sonst werd' ich mir sein Herz einverleiben."

Der Vater bittet: „Nimm meins an seiner Stelle."
Die Mutter weint, das Kind fest in den Armen,
sie fleht: „Oh Gott, so habe doch Erbarmen,
was ich auch hab, ich legs vor unsre Schwelle."

Der Kobold lacht und ist nicht abzuweisen,
holpert und poltert, feixt hämisch dabei:
„Bringt mir den Sohn, dann seid ihr wieder frei."
Er beginnt, mit Feuer das Haus einzukreisen.

Die Mutter packt, was sie findet, zusammen,
öffnet die Tür und legt das Opfer ab:
„Nimm mich dazu, ich werfe mich ins Grab".
Sie läuft in das Meer der lodernden Flammen.

Das Kind rennt erschüttert seiner Mutter hinterher,
der Vater folgt, ergreift den Sohn geschwind.
Da tobte plötzlich ein eisig rauer Wind
und löschte das Feuer und das Flammenmeer.

Die Mutter stand im Nebel unbeschadet wieder.
Es schneite Tränen auf den bösen Puk,
den eine Bö enthob, vorbei der Winterspuk.
Ein Sternenregen fiel auf sie hernieder.

Überwinterung

Vor mir schwächelt die Sonne
abgeneigt das Fliehlicht des Horizonts
kaltfarbig

wo Dunkel den Tag bestimmt geht das Leben
ins Dämmern über stumm benommen
kleinräumig

ich tage in die Nacht
betrachte mit Lampenaugen
den Ausfall des Hellen

wer kehrt heim schwankt
wenn der Nachtwächter ruft

ich schöpfe Wärme aus den
Funken erdachter Morgenröte
Hoffnungslichter unter den Verkrustungen
der Jahreszeit hüllen Versunkenes ein
spenden Ruhezeit Auszeit Bedenkzeit

wenn die Saat aufgeht
löst sich die Verpuppung
entwachsen Keime der Erdzelle
schlankes Grün mit der Neigung zum Blühen

Waldgeister

Sphärenklänge wirren über den Wiesentempel
vertanzen Yin und Yang im Windspiel

Hortensien stecken weiße Tellerchen ineinander
verschütten sich im auslaufenden Sommer

Fichten gähnen im Spalier Efeu umschützt
ein Tongefäß lagert altes Olivenöl ab

auf simuliertem Waldweg schleichen Lemuren
Nachtfiguren flüstern

Die Nacht

Die Nacht ist die Zeit der Dunkelheit zwischen Abenddämmerung und Morgengrauen. Das Wort Nacht kommt aus dem Althochdeutschen „naht". Nach Sonnenuntergang geht das Himmelsblau vom Tagesblau durch gestreutes Licht in Ozonblau über. Dabei spielt der Sonnenstand eine wichtige Rolle. Je tiefer die Sonne steht, umso länger ist der Weg durch die Ozonschicht und umso effektiver die Absorption. Das menschliche Auge kann in der Dunkelheit nur Schwarz-Weiß wahrnehmen. Für die Dunkelanpassung benötigt das Auge etwa zwanzig Minuten, danach werden die hellsten Sterne am Nachthimmel erkannt. Die Nacht ist nicht vollständig schwarz.

Mit der Dunkelheit tritt die Nachtruhe ein. Die meisten Menschen schlafen. Für die Nachtarbeit gibt es besondere Schutzvorschriften und arbeitsrechtliche Regelungen. Für dämmerungs- oder nachtaktive Tiere wie Eulen, Fledermäuse, Glühwürmchen, Fuchs, Schwarz- oder Rotwild beginnt die aktive Zeit der Futtersuche. Auf den Straßen besteht je nach Jahreszeit eine Unfallgefahr, da die Tiere die Fahrbahn überqueren können.

Bei den Azteken war Tezcatlipoca u.a. der Gott der Nacht, des Nordens, der Kälte, des Nachthimmels samt Mond und Sterne und der Farbe Schwarz. Er wurde auch der „Rauchende Spiegel" genannt, mit dem er in die Herzen und in die Zukunft schaute. Weitere Personifikationen der Nacht als Gottgestalt waren Baau bei den Phöniziern, bei den Griechen die Göttin Nyx, der Bruder Erebos war der Gott der Finsternis. Nyx entspricht der römischen Göttin Nox. Nótt ist die nordische Göttin der Nacht, die mit ihrem Pferd Hrimfaxi über den Nachthimmel reitet.

ᚼᛉᛟ

„Die Nacht ist nur eine Morgendämmerung, die darauf wartet, geboren zu werden." Khalil Gibran

Dein ist der Tag, Dein auch die Nacht. Den Mond und die Sonne hast Du bereitet." Psalm 74,16

Nachtmusik

Die Silhouette der Schwarzkiefer verdämmert
Nadelspitzen stechen in den Horizont

sprechen im Flüsterton das Credo
entlichteter Stunde

auf der Laute der Vogelkehlen
spielt Nachtmusik ihr Preludium:

Pfeiftöne
für den Aufgang der Sterne

Wenn auch Licht dich umglänzt
die Nacht wächst den Dünen gleich
Schicht für Schicht
bis der Morgen verlandet

Wenn in allen Nächten

Wenn in allen Nächten nur Herrlichkeit wär,
gäb es keine Sorgen und Nöte mehr,
keine Finsternis und Dunkelheit.

Wenn in allen Nächten nur Seligkeit wär,
gäb es keine Trauer und Tränen mehr,
keinen Abschied und Bitterkeit.

Käm der Tag mit dem Licht,
voller Wärme und Glanz,
brächte allen das Glück unentwegt,
und die Strahlen der Sonne
sich drehten zum Tanz,
von der Freude der Menschen bewegt.

Doch wär keine Liebe, aus der dies entstand,
verwehte der Wind alle Spuren.
Und wäre kein Samen in reifender Frucht,
ständen still alle Ewigkeits-Uhren.

Wenn in allen Nächten die Liebe wär,
ruhten Herzen im Lichtschein sich aus,
sie sähen den Mond durch die Finsternis wandern,
wie ein Planet erstrahlt nach dem andern
und aufblüht der Sternenstrauß.

Die Nacht

I
Nacht du legst dein dunkles Gewebe
um die Schulter der Stunde
Stola des Verborgenen

Nacht nach der sich das Leben sehnt
in der Umklammerung des Lichts

Nacht die uns unsren Tiefen preisgibt
dem Unsichtbaren wehrlos anvertraut
wenn sie sich in uns ereignet

II
Während noch hörbare Töne
uns begleiten gehst du
durch den Vorhang des Schwindenden

das Stillen der Ruhe
eine Gewissheit natürlichen Verlusts

Verschwenderin des Unergründbaren
wendet das Erklärende
im Verlängern des Verharrens

III
Wie füge ich die Flügel des Sternenvogels
in die Laufbahn des Funkelnden
wenn die Nacht mir ihre dunkle Schulter zeigt

die volle Farbe der Trauer
im vollkommenen Verlust
ertrunken in der Tiefe des Weltalls
das Unabwendbare beschließt mich

IV
Höhle der Nacht
Nestwärme
sternenträchtiger Geborgenheit

in der Zuflucht der Träume
reibt sich Hoffnung mit dem zu Erwartenden

Wundpflaster des Abschieds
haftet auf dunkelsüchtigen Tränen
das Hinscheidende noch einmal
hinhaltend in das Fruchtwasser
des Seins

V
Vor mir versammelt sich ein Abgrund:
dass deine Wendepunkte
undurchschaubar in mir bleiben
die Wucherungen der Fragen
das Unerklärbare vergrößert sich

in die endlose Tiefe des Dunklen gefallen
bleibt das Suchen ohne Morgendämmerung

ziehst du nicht die Vorhänge zurück
wenn dieses Schwarz meine Seele zerreißt
Tag für Tag

VI
Bist du nicht das schmerzvolle Herz
schenkst du mir nicht das Leben
in aller Tiefsinnigkeit

wenn ich dich kommen sehe
wirfst du schon dein Schultertuch
mich umschlingend
in die Abgeschiedenheit stürzend

Insel aller Melancholie
Geliebte du in aller Traurigkeit Schöne
Stern getrösteter Ruhepol der Welt

VII
Wie ein Feuervogel trunken von Rot
verglimmt das Endende
um das Verdunkelte zu entzünden

durchscheinende Schwarzmalerei
zerbrechlich wie dünnes Porzellan
gefertigt aus dem Feldspat des Lebens

Wegzeichen hochgehalten von der Nacht
erhellen den Grund meines Schauens
damit wir die richtige Richtung suchen
im Tiefsee unserer Ahnungen

VIII
Wie du mir zusiehst
aus dem oberen Horizont unserer Existenz
mich tröstend umfängst
schützt vor dem gleißenden Licht
vor den Brandmalen der Arenen des Lebens

der Abstand zwischen uns bleibt
nur einen Tag lang erhalten

IX
Karge Nacht die sich auf die Angst berief
gewahrt uns im Fürchten der Dunkelheit
den Verlust des Sicheren

nicht wahrnehmbares Nicht
nebelt im diffusen Licht
ein Schattenland in uns

in endloser Tiefe:
Ozean schwarzer Wellen
und ausgebrannter Sterne

Grabstätte der Sehnsucht

X
Nacht setzt sich ihre Krone auf
edle Farben des Echten
erhaben über dem Zweifel

wie sie die Dunkelheit meistert
mit standhafter ständiger Wiederholung

wie der Hintergrund eines Bildes
gehalten im festen Rahmen des Zeitlichen
Naturgesetz des Ewigen

XI
Nacht Sternenträgerin
hängst dein Banner um unsere Seelen
dich zu befreien von funkelnder Last

doch klein ist die menschliche Bedingung
vor diesem Höchstmaß an Natur

eine Imitation
die sich empor ringt in die Sphären
deiner Bedeutungen

XII
du hälst das Sternennetz
hoch wie ein Schutzschild
unberührbar und doch uns berührend
die Beständigkeit dieser Hingabe

manchmal wirfst du es direkt über uns
nimmst uns gefangen
mit deinem Nachtdienst

unvorbereitet triffst du uns Liebende
die wir nicht zu hoffen wagten

uns Erblindete
die wir nicht sehen konnten

im Anblick deines Leuchtens
leuchten unsere Augen

XIII
Viel zu lange huldigten wir der Nacht
hofften dass der Tag verschleiert bliebe

die Lilien wie du sie gedacht
ein weißer Nebel
du legst die Hand unter die Träume
um ihr Auflösen zu verhindern

der Augenblick reicht nicht aus
um das Unausweichliche aufzuhalten

nur dies:
welcher Tag stärkt Utopien die entstanden
aus deinen und meinen Nächten

was kann kälter sein als der geraffte Morgen
aus Sternenscherben und Mondsplittern

XIV
Was nicht bedeutet
dass dein Mond meine Nacht besilberte
einzigartiger Sternenlauf
selten zu erkennen am Firmament

wie könnt ich vergessen
Lied flunkernden Augenblicks
es überzog das Gesehene
mit einem Glitzerteppich

auch das Übermäßige
hängt am Maßband der Zeit
die vielen blinkenden Punkte der Erinnerung
Nahtband des Nachtsaums

XV
Die schweren Vorhänge des Mondes
die wie Blei das Licht abhalten
das Spiel mit dem Traum
der die Wege kreuzt
und Brücken schlägt
über alle Worte hinweg
in denen wir fremd bleiben

dieses Lied das im Ewigen anfing
das da wir es singen sollten
tonlos blieb

und die Sonne die uns bestrahlt
mit ihrem Imperativ

loseisen müssen wir
den Wunsch von der Wirklichkeit
die uns im unfähigen Klang
zurück lies mit der Neigung
zu erotischen Floskeln

Wilderers Nachtlied

Ein Wanderer quält sich durch Kälte und Feld
ein Reh jagt gehetzt durch die Winterwelt
die Kitze folgen gewarnt auf dem Sprung
staksen durch Schnee dichte Nebelung

von fernher droht lautes Hundegebell
eine Wildkatze leckt sich ihr Winterfell
es schellt und klappert ein lautes Gebrüll
Wilderer harren im Hochgestühl

da wendet der Wanderer seine Richtung
stockt seinen Lauf vor der Abschusslichtung
das Jagdgehetze verwundert gestoppt
die Meute um reichliche Beute gefoppt

das Wild flieht zurück in die Winterwelt
die Jagd ohne Fang wieder eingestellt

Blätterasche

spuckt das Feuer
und der Schmelzofen der Berge:
kadmiumrot, kobaltblau, zinkgrün.
Gratwanderung auf der Höhe der Nacht.

Draußen der Vogelhimmel

kreischt die Dunkelheit herbei
oder die Blindheit.
Wer nichts sieht,
muss neue Wege gehen.

Schattenströme

ertränken die Gipfel
Krähenhügel schreien sich still,
die Nacht, schlaflos, fällt ins Bett
Herztöne beten sich müde.

Wanderungen

In der Nacht flehen Stimmen
körperlos in andren Lauten
schweben in den Himmelshöhen
quadratischer Tapetenbauten

Auf der gierigen Bettkante
lauern wach die weißen Laken
saugen in der schwarzen Stille
sich fest an den Kleiderhaken

Aufgehängt zum Trocknen müde
ruhen sie sich dabei aus
Und es schleicht die Zeit vorüber
in das nächste Morgenhaus

Umschreibung der Nacht

Ich gehe den Weg, der sich biegt und beugt
und reibe mich auf am Rauen des Betons.
In den Straßen glüht Licht, eine Liebesdame äugt,
ein Mann spricht sie an, er spielt mit zwei Jetons.

Die Nacht ist leer und verbraucht, ich suche das Geräusch,
das mir sagt, die Stunde lebt, sie teilt die Zeit mit mir.
Doch die Stimme ist wie die Jungfrau so keusch,
kein Verlangen sie mir brennt, ich ersterbe in ihr.

Das Gemäuer der Nacht ist wie ein fahles Fleisch,
das der Metzger erstach, vergaß einzufrieren.
Es liegt Verwesung im Schwarz, einer Totenruhe gleich.
Im Fluch der Verbannung Neonröhren poussieren.

Mein Zimmer ist nah, die Beine nicht schwer,
mein Sinnen den Verstand strapaziert und bespürt.
Ich erlange den Schmerz, des Daseins Gewähr,
die Umschreibung der Nacht das Leben verführt.

Reibung

Wind peitscht gegen das Glas der Dämmerung zischt
durch die Lichtung zieht scharfe Schnitte schneidet aus
der Sonne Fetzen schon trübt sich das Gold fahles Gestot-
ter der Nacht das über Baumkronen ausschüttet Schatten-
gericht

am Boden hampelt die Marionette Dunkelheit baumelt an
den Fäden der Notwendigkeit sterbender Stunden deine
und meine die wir vergraben in den Schränken der Sehn-
sucht da wir nicht hier sind nur in Gedanken spielt die
Nacht in uns die Wiederholung der Wünsche wir verga-
ßen

abgerissene Streifen die uns beschließen obere Winkel des
Horizonts Wundmale bluten ihr Purpur ins Firn totes Rot
kaltes Feuer das ausbrennt unsere Schatten farblose Zeit in
der graues Grinsen ein Schimmer ist lässt nicht sehen uns

nicht hören das Knistern der Funken die sprühen wenn
das Nicht sich reibt umgenichtete schwarze Löcher fallen
in unser Kontinuum unterbrechen die Stille für einen Mo-
ment sichtbare Punkte

Blindenschrift einer Lust die wenn wir sie uns gestatten
keinen Raum lässt für Schattengespenster Schotterpfade
der Neigung die uns häuten wenn wir uns häuten lassen
von der Inspiration sterbender Stunden dort oben wo die
Nacht noch Himmel ist

Stundengebet

Erneut kenn ich dich Stundengebet wenn Nacht dich mit
Minutenteppichen übersteigt hinter jedem Busch Früh-
lingsgelock Zurückgekehrte zum Stelldichein ruft Licht-
punkte dämmerungsgeneigt

leih mir dein Kartenhaus lass uns aus papiernem Zufall
eine Loggia stapeln uns im Streulicht der Planeten auf Zel-
lulose betten und uns Abend für Abend das Wünschen er-
lauben

schlag ein uns das Betttuch aus Federn die wir gelassen
haben bis auf die Nacktheit untergegangener Sonnen
mondgetupftem Sternengelichter

wer trägt den Zeugungsakt noch in sich wenn uns Finster-
nis die Augen aufschlägt wir im Nachtschweiß die Leere
in Händen halten im Teufelsofen mit blutroten Wänden

im Widerschein künstlichen Lichts wo Kandelaber Zitro-
nengelb ausschütten ein Strahlenkranz mit orangefarbe-
nen und grünen Lichtsprengseln

Aufbruch

Die Nacht finstert
dunklen Schlaf.

Wenn gelber Strauch ginstert,
frühlingt, was dich traf:
Helligkeit, Wärme, Licht.

Zuversicht,
die dich umarmt,
Sterne, deren Licht verarmt,
zwinkern mir zu vor dem Untergehen.

Was für ein Wehen,
wenn der Wechsel fällt.

Widerspruch für Widerspruch
sich dir entgegenstellt.

Nachts still

Im Nebel träumt der Weg vom Licht,
hört kein Gespräch, hört keinen Laut.
Ein alter Baum der Zeit vertraut,
hat sich im Dunkeln eingericht'.

Der Stamm im Boden eingewurzelt,
lässt Blätter splittern rot wie Rost;
die Kälte hat sein Laub gekost',
ein Specht ist aus dem Nest gepurzelt.

Es ist so still, man lauscht und lauscht,
wartet darauf, was dann passiert,
man hört das Herz, wie's schlägt und friert.
Heut Nacht hat sich die Zeit vertauscht.

Als früh um acht der Morgen bläut
ist alles weiß, man glaubt es kaum,
die Sonne strahlt, ein Glitzersaum,
Äste am Baum sind hocherfreut.

Und plötzlich hört man Kinderlachen.
Man weiß, was jetzt kommt bleibt und hält.
Wo Licht ist, alles leichter fällt,
selbst schwache Glut will sich entfachen.

Rauhnächte

Frostklingen brechen
aus Sternen Glitzersteine
Nachtkälte flimmert

Im Wasserspiegel
Einbruch der Kältenebel
Eisspäne fliegen

Kälteschockstarre
Eisüberflutung auf See
Fische im Glashaus

Wehr der Eiszungen
hält Schilfrohrs Spätblüten fest
Schneekugelflora

Nachtfeuer

Nyx meine schwärzeste Nacht
teilt sich nicht
nur wenn du Feuer bringst
ist mir der Tag gewiss

Winternächte

Kannst du glauben dass winterliches Blau
deinen Himmel erfrieren lässt
wenn Kälte in dir feuert anheizt

glaubst du deinem Innersten
deiner eigenen Wahrheit
die dich finden lässt

des Winters Einsamkeit
friert in dir
wenn du erkennst

das ist das Erhellende dunkler Nächte
das von Sternen abstrahlt
bis der Tag reift aufgeht

um überzugehen
Jahr für Jahr
auf deinem Weg
zur Ewigkeit

Nacht im Schnee

Nacht im Schnee,
wenn sich der Winter verkündet,
Nacht im Schnee,
wenn funkelndes Kristall des Mondes
ins Dunkelblaue mündet.

Dies ist die Nacht der Finsternis,
die kalte Stille, stumm, verschweigt
das unterm Grunde Knisternde,
fortwährend Frühling Flüsternde.

Und feierlich am Horizont aufsteigt
ein Stern. Es zogen viele Sterne nach.
So still die Nacht, so fern die Nacht;
nie brach die Sonne vor der Morgenröte ein,

die in geheimnisvoller Dunkelheit
sich windet, wartet auf das andere Licht,
welches uns aus anderer Welt durchdringt,
in stiller Nacht, in kalter Zeit
und uns das schönste aller Lichter bringt.

Schneesturm

Sieh, wie draußen der Schnee verweht.
Ich setz mich hin, das Feuer knittert,
Holz brennt langsam ab und splittert,
im Funkenflug die Stund' vergeht.

Ich hab mich in ein Tuch gemummelt,
so heimelig ist all die Wärm',
die Kerze flackert ohne Lärm,
sie flammt auf, biegt sich, bis sie brummelt.

Ich sitz im Sessel, das Feuer knittert,
der Schneesturm draußen heult und dröhnt.
Ins Fenster hat die Nacht sich gelehnt,
die Wildsau Futter hat gewittert.

Am Tag danach ist alles stumm,
kein Lüftchen zieht an meinem Ohr,
nichts weist drauf hin, wie's war zuvor,
wär nicht am Stall die Tür so krumm.

Nachtfrost

Mein Herz zerspringt vor Einsamkeit und Kälte.
Im Nebelwind sind alle Farben grau.
Die Finsternis trübt meine Sinne rau
wie Todessehnsucht. Als des Dunkels Schelte

über Nacht das Schattenurteil fällte,
funkelte alles Klare ungenau,
ohne Hoffnung, sie versinkt im Stundenstau,
im Wolkenfluch, der mir entgegen gellte.

Ein Vogel flog hinauf, ließ sich nicht halten,
zog seine Bahn durch alle Gegenströme
trotzte den Widerständen, den Gewalten.

Die Blicke haften an ihm, lassen sich nicht wenden.
Die Seele windet sich im Kampf; extreme
Tiefen weiten, in den Sternen enden.

Polarlicht

Eiskammern des Winterschlosses
wir frieren in den Räumen der Kalthäusigkeit

Elchkühe durchforsten silbrige Frostwälder
in sich tragend die natürliche Vermehrung

selbst Wölfe hungern in der Tundra
ein Rudel legt die Blutspur
verbeißt sich verzweifelt im Schnee

das Heulen der Dunkelheit
schwächt die Sinne

Polarlicht blitzt hellt
für einen kurzen Moment
ein Lichtschweif
der einen Bogen zieht

hör nur
ein Kind weint
im Schoß der Mutter

Nachtwache

Wenn die Silbernetze fallen
und die Nadeln schreiben Lieder,
Winde Flockenherden wallen,
lassen sich auf Dächern nieder.

Die Welt ist bald in Weiß gerundet
und der Mond schwankt kältekrumm.
Rehen, Hirschen, Füchsen mundet
letzter Beerenlese Rum.

Ach, wie möcht ich selber ziehen
durch die Nacht im Sternenschiff.
Flügel mir die Engel liehen,
lenkten mich durchs Wolkenriff.

Steh verwundert vor dem Fenster,
schau hinauf in stiller Nacht.
Himmelweite Lichtgespenster
halten Christkinds ferne Wacht.

Atme der Stille leise Zuversicht

Atme der Stille leise Zuversicht,
das Lächeln der Zeit
über Hoffnungen und Träume,
dass dir dein Leben nichts versäume.

Hauche des Lichtes aufklarenden Willen
ins Dunkeln der Tage,
dass die Nöte deiner Augen
immerfort für die Fülle taugen.

Ach, weshalb blindlings
der Tage Unausweichliches betrauern?
Zeit wird nichts bedauern,
alles wird vergehen.-

Willst du sehen
die Frucht dieser Lichter,
vertraue Gottes unermüdlicher Schöpfung,

dem stillen Willen,
der alle Zeit durchdacht
in einer einzigen Nacht
ewigen Leuchtens.

Das Licht der Weihnacht

Oh, wie ist dies alles voller Prophezeiung,
die Straße, die ins Schwarze krumm sich windet,
die müden Häuser in der Winterweihung,
das Knistern hinter Fenstern stumm verschwindet.

Ein graues Wolkenwandern, das in Dunkles mündet,
Laternenschein sich darin wiederfindet.
Ein Sternenlicht die stille Nacht anzündet,
ein Hauch von Sehnen, das die Liebe bindet.

Wie ist dies alles so geheimnisvoll erwartend,
als ob die Zeit sich träumerisch verschwendet,
als ob ein Sprössling, seine Welteroberung startend,
sich wissentlich dem Todgeweihten spendet.

Du ahnst die Tiefe dieser Erdenkreisumrundung,
den Sonnenlauf, der unterm Horizont sich dreht,
der Wunsch nach Heilung deiner Herzverwundung,
das Licht der Weihnacht, wenn alles aufersteht.

Hier ist heut Nacht ein Kind geboren

Wie war es gestern doch so kalt,
es zitterten die Bäume,
als in der Nacht über mir's schallt,
dacht' ich, dass ich wohl träume.

Glitzern im Dunkeln überall,
ein Feuerwerk aus Licht,
als drängten Strahlen aus dem All,
als ob der Himmel bricht.

Und plötzlich sang und klang es hell
aus Höhen wie ein Chor,
als wenn geflogen Engel schnell
zu uns durch's Himmelstor.

Bei meinen Nachbarn brannte Licht,
die Frau bekam ein Kind.
Sie wartete lang unverricht', -
dass sie die Hebamm' find.

Ein Auto hielt, jemand stieg aus,
klingelte an der Tür.
Die Tür ging auf, die Tür ging zu,
ganz seltsam war es mir.

Die Nacht hat heut ein Kind gebracht,
wie damals zu der Zeit,
als hoch der Engelschor gewacht
am Himmelssaum von weit.

Ich sah hinauf, der Himmel blitzte,
schimmerte voller Schnee.
Ein Kinderschrei, ein Lachen hell,
die Frau stöhnte voll Weh.

Hier ist heut Nacht ein Kind geboren,
wie damals zu der Zeit,
als Ochs und Esel bei ihm froren,
und Sterne blitzten weit.

Es klirrt noch immer hell und zart,
der Weg wird langsam weiß.
Der Winter hat sich aufgespart,
jetzt schickt er uns sein Eis.

Weihnachtsstern

Die Nacht umspannt das Gipfelkreuz der Hänge,
ein Tannenzweig im Schneegestöber sinnt
verwaist nach Licht; ein Strom aus Flocken rinnt
herab, es wirren spitze Eisgesänge

vom Joch ins Tal wie helles Tongesprenge.
Ein Strahlenkranz der Dunkelheit entrinnt
und leuchtet; neugeboren lacht ein Kind,
dass funkeln aller Zinnen Ränge.

Ein Stern entsteht, er weist den Weg den Weisen,
die unbeirrt den Ort der Schöpfung suchen.
Die heilige Verkündigung ersuchen

die Wanderer auf unberührten Gleisen.
Erschöpft verlassen sie die kahlen Pfade
der täglichen Gesellschaftsmaskerade.

Schlaf und Traum

Biologisch tritt abends ein Schlafbedürfnis auf. Der menschliche Körper regeneriert sich. Zeitlich nicht ausreichender Schlaf oder Schlafstörungen wie Einschlaf- oder Durchschlafstörungen führen zu gesundheitlichen Problemen. Ohne Schlaf kann der Mensch nicht überleben. Mehrere Phasen bestimmen die Schlafzyklen, nämlich die Einschlafphase, der stabile Schlaf, der Tiefschlaf und der REM-Schlaf, in dem die Träume stattfinden. Danach beginnt wieder ein neuer Schlafzyklus. Die „innere Uhr" regelt dabei den Schlaf-Wach-Rhythmus, der auf den Wechsel von Tag und Nacht, also auf hell und dunkel, zurückzuführen ist. Der individuelle Schlafbedarf ist unterschiedlich. Er schwankt in der Regel bei Erwachsenen zwischen sechs und zehn Stunden. Ab sechzig Jahren nimmt das Schlafbedürfnis wieder ab, der Schlaf wird leichter, die Tiefschlafphasen und die Träume verringern sich.

Der Traum ist eine besondere Form von Bewusstsein. Träumende erleben das Traumgeschehen als äußere Realität, obwohl die Geschehnisse theoretisch unmöglich oder unwahrscheinlich sind. Häufig findet ein Zeitwechsel in die Vergangenheit oder Zukunft statt. Erschreckende oder verwirrende Träume bis hin zu Alpträumen lassen uns oft wieder aufwachen. Manchmal erinnern wir uns an unsere Träume. Die Traumforschung widmet sich der physiologischen, insbesondere der neurobiologischen Ebene, die Traumdeutung befasst sich mit den Inhalten der Träume.

ೞഌ

„Wer in Angst vor einem bösen Traum einschläft, träumt bestimmt nicht gut." Chinesisches Sprichwort

„Denken ist die Arbeit des Intellekts, Träumen sein Vergnügen." Victor Marie Hugo

„Ziele nach dem Mond. Selbst wenn du ihn verfehlst, wirst du zwischen den Sternen landen." Friedrich Nietzsche

Zwischen Traum und Schlaf

Abends wachen Vögel sorgsam leise,
harren aus im hochgereckten Ast,
Wolken finstern Schlafes Ruhekreise,
halten in der Dämm'rung Lebensrast.

Du, mein Vogel, sollst nicht klagen, trauern
auf der Schulter, meiner zitternd Hand,
mit der Tinte aufgebaute Mauern
überflieg in Traumes Anderland.

Sei mein Zeitgenoss im Düster'n, Stillen,
meiner Lider schmaler Fensterspalt,
sei der Liebeslaut zirpender Grillen,
wenn in zarte Moose tief sich's krallt.

Streulicht blendet aus verworf'nen Höhen,
pendelt wechselnd zwischen Traum und Schlaf.
blaues Blut verwob sich mit den Böen,
Sternenschein das Dunkel übertraf.

Schwanensee

Von den Emporen herab steigt die Nacht.
Monde, die Sternen entsagen,
gleiten dahin wie mit Geisterfracht,
den Schlaf probt der große Wagen.

Dort irrt ein Traum, der nicht träumt,
aus stiller Sehnsucht sich speiste,
der seinen Flaum aus den Tagen bäumt,
sich niemals misst mit der Leiste.

Im Teich zieht ein Schwan eine Silberspur,
Rotbarts Geraune entfacht.
Pan flötet leise in Moll und Dur,
im Schilf ist Odette aufgewacht.

Die Flügel schon wiegen die Wasserhaut,
ein Tanz mit dem Federkiel,
schwingt auf der Vogel, ein magischer Laut
weckt das unauslöschliche Spiel.

Auf weißen Schwänen flieg ich zu dir
durch den Wind, sternfädenverstrickt.
Draußen spielt Nacht auf dem Träumeklavier,
zeitlos durch den Äther geschickt.

Tiefschlaf

Vögel fliegen am Mond vorbei
ziehen die Nachtschleppe hinter sich her
ich verfinstere in Träumen

ach du mein Tiefschlaf
scheinbar lebloses Spiel auf dem
Abenteuerspielplatz des Unbewussten

überlebensgroß
Sandmänner
Schnitter
die sich mit Schutzengeln streiten

im Schattenland lebt die weiße Frau
vorbei an der grauen Frau
Lichtland zwischen lautlosem Verlust

ich gehe zurück
stehe am Auskunftsschalter
meine Fahrkarte läuft ab
in welchen Zug
steige ich heute ein

du rüttelst meinen Körper
ich liege im Aufwachraum
über mir dein Gesicht

Sonne beginnt sich zu verflüstern
stäubt mir Lichtpartikel unter die Lider
Augenaufschlag

Traumverlust

Wie die schwermütigen Sonnenuntergänge,
die den Endpunkt einer Zeit markieren,
sind deine Träume nicht an die Wirklichkeit gewöhnt.

Was wäre, wenn plötzlich das Erwünschte
sich nicht abweisen ließe
und Schätze die Zukunft überflüssig machten?

Wie schwer zu ertragen Gegenwart,
die nichts offen lässt.

Meeresalabaster

Glitzerndes Alabaster
senkt sich vom Horizont
ins wankende Azur

Am Ende des Tags
schließt Frieden der Wind
mit des Wassers Nachtruhe

Wellen im Traumland
wenn die Meerjungfrau
sich das Haar verwebt

Nächte des Lichts

Und in die Leere meiner Haarwelle
stößt der Wind das Lied der Jungfrau
Die Wunden der Jahre verströmen
ihren tödlichen Seim

Ich lass entfließen den Traum
der überschwänglichen Sommer
und kehre zurück
an der Strände Muschelkalk

Tausend kleine Scherben
tausend kleiner Tode
dazwischen das Krebstier
und die Feuerqualle

Ach du geduldiger Mond
siehst lange vor deinem Tag
die Nächte des Lichts
die ich beweine

In unsren Zwischenstunden
entflieht der Tag
entzieht sich unsre Wirklichkeit
flücht'ger als Tau
treibt uns der Traum
in das Ersehnte das wenn wir's fürchten
uns festhält in Zeiten des Bewussten

was wäre wenn das Schönste
das wir träumen uns behielte
kein Zwischenraum ertrüge dies Bekennen
wenn wir beim Namen nennen
was uns hält

wie oft zerfiel am Tag schon
was nur in Träumen spielte

Am Kamin

Heimliche Zeit
voll Stille ruhst du in dir
webst mit dem Dämmerschein
Träume in Nächte ein

heimliche Zeit
vollziehst dich in mir
das Feuer im Kamin
stirbt langsam vor sich hin

hellauf noch flackert die Kerze
allem Erlöschen zum Scherze

Traumgespräch

Wie du wohl weißt, mein lieber Traum,
ich schlafe bis zuletzt.
Was du auch tust, es stört mich kaum,
wenn du auch noch so ätzt.

Im schönsten Fall chauffierst du mich
im Traumschiff durch das All.
Wenn's bitter kommt, erschrecke ich
und lande auf Walhall.

Wie immer du mir bist gesonnen,
egal was du mir spinnst,
am Morgen hat das Licht gewonnen,
weil du wieder zerrinnst.

Die Träume weichen Tag für Tag
und lassen mich zurück.
Es endet der Gefühlsumschlag
mit einem Sonnenstück.

Eines Nachts

Eines Nachts
als draußen
der Wind sich verfing
in den Nestern der Stadt
als im dunklen Azur
helle Punkte Stichworte vergaben
als die Katze sich kauerte
am Sims unterm Fenster
die Schritte hallten
und schließlich verschwanden

Federtraum

Ich liege im Federtraum
und wandle über Federwolken.
Tausend weiße Federn,
einzeln fallen sie auf mich herab.

Ich schwebe in Federwolken.
Der Raum wird zu einer einzigen Federwolke.
Sie trägt mich weit hinaus
in den Himmel des Lebens.
Sie reicht mir eine Schale
voll von köstlichem Wasser,
von der Quelle des Lebensstromes.

Sie lässt mich trinken,
und ich trinke
und in meiner Trunkenheit
schütt'le ich die Federwolke auseinander.

Es werden wieder viele Federwolken.
Tausend weiße Federn
fallen sie auf mich herab.
Ich erwache aus dem Federtraum

Zeitlos

Mir träumte, ich schwebte in der Luft umher,
rings um mich herum milchiger Nebel.
Ich hörte eine Stimme, irgendwer,
doch war sie gleich stumm, nur milchigere Nebel.

Ich gleite durch die Zeit dahin,
ein Traum, der zeitlos bleibt.
Ich fühle keine Stunden mehr,
die Zeit ist Ewigkeit.

Ich sehe, wie der Nebel treibt,
er treibt mich immer weiter.
Mir ist, als wär die Luft mein Kleid,
das stimmt mich froh und heiter.

Ich gleite durch die Zeit dahin,
ein Traum, der zeitlos bleibt.
Ich fühle keine Stunden mehr,
die Zeit ist Ewigkeit.

Der Nebel löst sich langsam auf,
ich sehe die Menschen hasten.
Ihr Leben ist ein Lebens-Lauf,
sie laufen durch Lebensstraßen.

Ich fühle, wie die Zeit mich greift,
ein Adler, der nicht ruht.
Ich kämpfe, bis die Zeit gereift,
und mir nichts mehr tut.

Von Weitem kann ich die Zeit nun sehn.
Um mich herum Endlosigkeit.
Die Zeiten sich wie Winde drehn.
Um mich herum die Ewigkeit.

Ich gleite durch die Zeit dahin,
ein Traum, der zeitlos bleibt.
Ich fühle keine Stunden mehr,
die Zeit ist Ewigkeit.

Ich hab geträumt

Ich hab geträumt einen Traum.
Ich stand im Wald, war ein Baum.
Mein Laub, das blühte grün,
war frisch und jung,
standen der Bäume viel
um mich herum.

Ich hab geträumt, ich wär alt.
Ein kahler Baum nur in dem Wald.
Ich war alleine dort,
mein Laub verwelkt.
Ich suchte dich allein,
doch du warst fort.

Ich hab geträumt, ich wär tot.
Ich suchte dich in meiner Not.
Doch du warst nirgendwo:
ein Sonnenstrahl,
der mir das Leben gab,
der es mir stahl.

Ich hab geträumt einen Traum.
Ich suchte dich und fand dich kaum.
Nun bin ich aufgewacht,
bin nicht mehr blind.
Zu Ende ist die Nacht.
Der Tag beginnt.

Immer ist Abend

ich bin gelaufen
über Brücken aus Staub Krumen geworfen
Brotkrumen der Buchstaben zusammengeheftet
von Gedankengängen bevor ich sie vergesse

ich verstehe die Laute nicht mein Schultergenoss
will nicht schreiben will keine Federn mehr lassen
ich bin nackt genug Scherbenkleider wechseln
gegen Verheißungen des Milchglases blinder Spiegel

immer ist Abend nachtblau wundrot
sichelt der giftige Schnitter zwischen Bildern
anschwellender Dunkelheit

ach Traum, der mich vergibt
an das Unsichtbare alternder Tücher
Schattengewächse Passionsblumen
Schutzschichten der Dämmerung
Schlaf

Nachtschatten

Irgendwo zwischen Nacht und Dämmerung Geträum einer Schlafenden auf dem Aufwachbett Irrungen wirren durch das graue Schweigen das sich um Hände flicht natürliche Umgarnung

im Gestrick der Hoffnung die einst uns kuscheln ließ im Nie-mehr-Alleinsein wenn wir uns umarmten im Vertrauen des Augenblicks vorüber zogen alle Schatten da du nicht sehen konntest im Filter der Dunkelheit

in der du mit Blindheit geschlagen immer ins Schwarze triffst immer wieder im Anklang dieser Stunden Strecken auf denen du bleibst ohne sie zu kennen Fegefeuer das dich wärmt diabolisches Geplänkel

wenn alle Fäden gespannt sind um die Druckstellen zu glätten für den Rücksturz verbrannter Sterne nicht aufzuhalten Ascheregen später wenn der Tag das Schwarze von den Augen reißt und Morgengrauen zur Klärgrube wird

irgendwo zwischen Nacht und Dämmerung haben Finger die Fäden halten keine freie Hand mehr für Berührungen des Lichts wem wird wenn die Lichtblende sich auflöst Tau eine Reinigung sein

Traumflucht

Die Scheibe weiß von Dunstvlies überzogen,
die Stille haucht herab mit leisem Flüstern
und Erdenschwere faucht aus frühen Nüstern,
sie bläht sich auf, das Feuchte eingesogen.

Ein Silberstreif, ins Blaue eingezogen,
die Enden spreizt bis Farben sich verschwistern.
Wo Sonnensporne spähen, hellgelb knistern,
ein Lichtblick scheut, der Weltenzeit gewogen.

Ihr Wärmemantel kleidet nackte Träumer,
die nachtverloren drehen ihre Leiber.
Noch unbekümmert hören Tagversäumer

die Stundenrufe, Laute aller Treiber.
Wer aufsteht, entsagt dem Traumgelüste
ist pflichtbesessen, meint, dass er es müsste.

Mond und Sterne

Auch am Nachthimmel gibt es natürliche Lichtquellen. Neben dem Sternen- und Mondlicht lichtert auch das Polarlicht und leuchtende Nachtwolken, wobei die Helligkeit jeweils vom Standort des Betrachters, dem Zustand der Atmosphäre und der Bewölkung abhängt. Damit einher geht die Absenkung der Boden- und Lufttemperatur.

Der Mond ist der Trabant der Erde und umkreist sie während eines Monats von Westen nach Osten. Dabei verändert sich die Lichtgestalt des Mondes. Der zu- und abnehmende Mond ist als Sichel zu erkennen, der Vollmond als Scheibe. Der Neumond ist am Nachthimmel nicht zu sehen, da er sich zusammen mit der Sonne unterhalb des Horizonts befindet.

Steht die Erde zwischen Sonne und Mond, tritt eine Mondfinsternis auf. Dies geschieht nur bei Vollmond. Bei einer totalen Mondfinsternis wandert er in den Schatten der Erde. Er wird nicht völlig verdunkelt, sondern erscheint als dunkle rotbraune Scheibe, weshalb auch von Blutmond die Rede ist. Wird nur ein Teil von der Erde verschattet, spricht man von partieller Mondfinsternis. Steht der Mond zwischen Sonne und Erde, tritt eine Sonnenfinsternis auf. Dies kann nur bei Neumond geschehen. Bei einer totalen Sonnenfinsternis verdeckt der Mond die Sonne vollständig, zu sehen ist nur die Sonnenkorona als Lichtkranz um die dunkle Mondscheibe.

In vielen Kulturen wure der Mond als Gottheit verehrt. Meist war er weiblich wie bei den Thrakern Bendis, bei den Ägyptern Isis, bei den Griechen Selene, Artemis und Hekate, bei den Römern Luna und Diana. Als männlichen Gott nannten ihn die Sumerer Nanna, in Ägypten hieß er Thot, in Japan Tsukiyomi, bei den Azteken Tezcatlipoca und bei den Germanen Mani. In China dagegen galt der Mond lediglich als Symbol für Westen, Herbst und Weiblichkeit.

ଓଞ୍ଚ

„Wenn der Mond dir leuchtet, brauchst du nicht mehr nach den Sternen zu schielen." Aus Ägypten

Zeit der Sterne

Sterne entzünden ihr Leuchtfeuer
wildern schimmernden Glanz
in tiefgründiges Blau

wenn die Erde sich dreht
lichtern sie ihren Himmel
in die Nacht die ihre Zeit
an den Bildern der Lichtkörper misst

Träumen kann ich, wenn die Nacht ruht
denn die Nacht ist der Spiegel der Sterne

Punkt für Punkt

Keinen Abend möchte ich
vergehen lassen,
ohne das unverhoffte Wiedersehen
mit hellen Punkten,
die bald hier, bald dort
auf Dächern tanzen,
die den Rhythmus schreiben
für alle, die hinhören,
die Punkt für Punkt
ergreifen und in der Ferne
den Himmel beschreiben,
der uns festhält,
bis alle Punkte
in Helligkeit gelöst.

Mondhymne

Im Glanz deiner Stunden
stirbt Seelendunkels Kind.
Du stiftest Visionen neu,
das traurige Auge wird blind.

Mond, Sonnenspiegel der Finsternis.

In deiner Schutzzone
Küsse verlieren sich leicht.
Von Venusgeflüster umkost
verbotene Schranke weicht.

Mond, Himmelskrone.

Beleuchter der Sternenkarte
weist den Verirrten den Weg.
Wer Schutz sucht im hellen Schein
kauert am hölzernen Steg.

Mond, Rettungswarte.

Unter deinem Baldachin schlafen
alle Erdkreaturen.
In deinem Schoß wiegst du sanft
keimende Lebensspuren.

Mond, Lebensträger,
Vollstrecker der Zeit,
galaktischer Wächter.

Mond, Liebespatron,
weißer Schwan der Nacht,
Lichtbanner.

Mond, kosmischer Staub,
Hüter des Sternentors,
Mitternachtsgott.

Sternenwirbel

Goldflut am Horizont
in tiefblauer Stille
ragt die Spitze
des Kirchturms
nahe dem Entfernten

Zypressen winden sich
wachsen hinauf
in nächtlichen Sternenwirbel

rotgoldene Mondsichel
Eckpunkt
seelenweiter Hoffnung

Nachtopal

Caféterrasse im Gaslicht
gleißendes Goldgelb
von Häuserfronten beraumt

Straßenpflaster spiegelt
den Nachtopal
trauter Schein aus Erleuchtetem

unter dem Königsblau
Heimsuchende Rückkehrende
Grenzland der dunklen Tiefe
Sternensteine glitzern

Farbenguss der Dunkelheit

Häusersilhouetten Segelkähne
im Uferland entwerfen
Nachtschatten der Rhone
durchmessen Goldspuren
ruhenden Strom im
Farbenguss der Dunkelheit
ein Bronzegrün ein Kobaltblau

schmiegt sich mir an
Nachtdiadem Sternenbild
Schweigsamkeiten

Liebenden ein Baldachin

Nacht

Sternendichtung aller Liebesmärchen
mondet die Sehnsucht

häng deine Küsse
nicht zu hoch
Liebling der Schöpfung
die Sichel ist scharf

Sternwanderung

Vielleicht
sage ich
vielleicht bringt
der letzte Mond die Nacht
die vor dem Tag
alles verstummen lässt
vielleicht
haben alle Sterne
den Horizont versammelt
der meiner ist
vielleicht
können Sterne
den Weg verlängern
ich gehe
soweit ich gehen kann
Stern für Stern
von jedem nehm ich
ein Kleinod mit
und verteile sie
auf Tage

Schau!
Nur ein Mond
und eine Sonne
kreisen am Himmel.
Warum willst du mehr?

Himmelssicht

Blanker Mond
fiel durch meine Augen
zeterte mit den Wolken
dass die Silbersichel
sich nicht erhebt über Träume
die das Schattenschwarz
aus den Tagen bannen

Schau hinauf
du oder was von dir
übrig blieb
sieh durch das Dunkelfenster
in die Finsternis
alle Himmel ändern die Farbe
irgendwann
irgendwie

Mondtöne

Wir lernen das Hören der Töne
herabgeholt aus den Höhen
jeglicher Kindheit
und kleiden uns ein
mit dem Lied des staubigen Monds
er träumte zu lange schon
einen wundersamen Sommer

Julimond

Sichelmond,
scharfes Schwert dunkler Welt,
Sterne im Schlepptau,

stichelst das Auge des Sommers
mit Silbertalern,

wenn an Nachtwenden
Trunkenheit endet.

Mondnacht

Lass uns das Sandbett
wenn schwärzeres Blau nächtigt
lass den Silberling Weg dir sein
als flüstert er von immer fernen Lichtern
flimmert ins Aug der große Wagen
lass einsteigen uns reiten den
Nachthimmelschimmel
mit ihm fährt was lebt

Sternstunde

Wo Du bist
versinken Zweifel
Schutzblende Dein Licht

Leben webst Du ins tot Gewordene
und das All Deiner Hoffnung

nie aufhört das Werden
in der Galaxis verborgenem Du

Shin

Wo bleibst du
Seele
die in mir selbst ist
und du
Seele
in der ich selbst bin

Kein Feuer
verbrannte je deinen Stern

Wo du bist
ist sonst keiner

Wo wir sind
bindet uns Einer

Verschlossene Sterne

Wo Sterne sich in Nächten niederlassen
such ich deine Lippen deinen zarten Kuss
deine Worte prasseln wie ein Regen auf mich ein
unser Abschied ist ein Muss ein Muss

Wär ich doch ein Tropfen dieses feuchten Moleküls
wohnte ich in deinen Haaren deinem Mund
könnte ich mich immer wieder neu in dir verliern
zittern eingehn in dir tiefer Erde tiefen tiefen Grund

Doch flutest du mit deinem Sturm
den Liebesmond der sich verwunden lässt
es ist die Nacht die alle Sterne still verschließt
die niemand mehr mit vollem Glück verlässt

Unter den Rosen

Wenn auch Sternengries noch flimmert mondsüchtiger
Dunkelfall hat die Versammlung der Vögel schon einbe-
rufen Stare Finke Nachtigallen warten auf den Kuckucks-
ruf im Vergehen letzter Venussplitter wirft die Schleier-
eule zartes Rosa ins Gesponn

tagt Licht sich in Baumkronen in Höhen in denen Erinne-
rung ein Traumbild ist Zeiträume entsprungen unseren
Wünschen flüchtigen Gedanken Kinderspiele die wir in
uns tragen Reden die Eingang finden wenn sie Herzlich-
keit simulieren

lebenslange Täuschung an der wir leiden wenn wir die
Worte des Lexikons wörtlich verstehen Wirklichkeit die
uns einholt wenn wir uns einholen lassen vom Gestammel
der Dämmerung vom Lotfall des blauen Gerichts

wir die wir uns stürzen in die Verwirbelungen des Lichts
uns den aufziehenden Verblendungen nicht entziehen
werden staunende Stimmen die im Mehrklang Loblieder
singen zur scheinbaren Freiheit die beirrt

wie kann ich sie vergessen Stunden voller Worte die meine
Träume stets aufs Neue beschworen lass mich ausruhen
Seele meine kindliche Vernunft dicht unter den Rosen bis
nur noch das Schweigen spricht

Spiegelei

Traurige Sterne
können die Nacht nicht durchdringen
zu viele Stürme toben
am Himmel die Erde
hat die Weitsicht
verloren

aber der Vollmond
der sein gelbes Ei
durch den Schwarzgrund schlägt
trägt im Halo den Kreis
der Sonne
die wieder aufgehen wird

Jetzt hat der Sturm
seine Kraft verloren
die Böen zerstoben

irgendwann
Neuanfang

Mitternacht

Wenn die Sonne den tiefsten Stand ihrer Bahn am Himmel durchläuft, ist Mitternacht, es ist vierundzwanzig Uhr. Die Sonne steht unter dem Horizont des Betrachters, ist nicht mehr sichtbar. Mitternacht ist im Volksglauben Gespensterstunde. Die Toten, Hexen, Geister oder der Teufel erwachen, Vampire treiben ihr Unwesen. Der Spuk um Mitternacht soll durch Totengeister hervorgerufen werden, den Seelen der Verstorbenen. Bekannt wurde die weiße Frau, die vornehmlich in europäischen Adelshäuser die Nachfahren erschreckte. Poltergeister schikanieren die Bewohner durch Geräusche oder Zerstörungswut. Oder eine geliebte verstorbene Person erscheint den Angehörigen in der Nacht. Viele Bräuche entwickelten sich daraus wie die Nacht der Geister, Halloween, die Walpurgisnacht, das Johannisfeuer, das Sommersonnwendfest, das Osterfeuer, die Stille Nacht oder Sylvester. Böhmische und französische Sagen bekunden, dass um Mitternacht vor Weihnachten Wasser zu Wein wurde und die Tiere im Stall zu reden begannen. Meist geht es darum, das Böse zu vertreiben oder zu verbannen oder es wird der Beginn einer neuen Zeit gefeiert.

Wechselt der Körper aus dem Tiefschlaf in den leichteren Schlaf, wird das Stresshormon Cortisol ausgeschüttet und leitet die Aufwachphase ein. Das geschieht etwa nach vier Stunden Schlaf, dann ist biologische Mitternachtsstunde. Das Hormon Melatonin hat den Körper in ein Stimmungs- und Leistungstief versetzt. Wer jetzt aufwacht, erlebt ein Stimmungstief. Er friert, fühlt sich allein und verlassen in der Dunkelheit. Stressreaktionen können das Wiedereinschlafen verhindern. Kopflastiges Grübeln kann zur biologischen Gespensterstunde werden. Das kurze Aufwachen dauert etwa drei Minuten. Meist erinnern wir uns nicht daran.

ა৪২

„Man muss schlaflose Nächte haben, um etwas von dem Geheimnis der großen Stille um Mitternacht zu wissen."
Ferdinand Ebner, österreichischer Philosoph

Gespensterstunde

Nachts,
wann Gespenster hausen,
halte die Türen verschlossen.
Das Heulen im Wind
der Wechselbäder
brennt dir
die Haut weg.

Salbe dich gesund
mit den Ahnungen
der Sonne,
der Wärme
des Lichts.

Eine Stunde lang
dem Geraune
standhalten,
den Sagen, Fabeln,
wenn die Uhr tickt.

Dämmerung bricht an
Lachen gellt durch die Straßen
Geistergeschichten

Undine tanzt

Mondfluss silbergeneigt,
ich folge der Spur
teichsichtigen Blicks.
Sonnenfunken zündeln,
nicht Lichtsplitter,
Sternscherben spiegeln sich
im dunklen Nass.

Stimmenschweben, ein Raunen
leichtfüßig über der Wasserhaut.
Kiesel klickern, klirren im Sog,
Strudel verrinnen, versickern,
Nachtwachen tauchen auf.

Drunten im Schilf wirbelt Undine,
im Wassergarten drehen Nymphen
Hochzeitstänze,
flattern über Seerosenblättern
im Takt der Rohrgesänge,
weiße Bänder im Haar.

Zwischen den Wurzelkolben
thronen Tribünen,
Hörstühle für Kardinäle,
Sitzflächen für Libellen.
Auf Seidelbast
wiegt sich die Lilienfrau.

Wer die Nachtgeister überdauert,
nährt sich von Wegwarten
und blauen Blumen.

Tanz der Musen am Schäferbach

Weit hinter den Fichten singt hell Erato
Göttinnen der Schönheit ein lockendes Lied
es tanzt Terpsichore im silbernen Mondschein
in wallender Seide das Rabenvolk flieht

Urania strahlte und spannte den Wagen
am Himmel nur Sterne voll taumelnden Lichts
die Grazien eilten den Schwestern zur Seite
bis auf die Muse des Heldengedichts

Bacchantinnen kamen mit Dionysos
verteilten den Wein im schillernden Dunkel
sie tranken und lachten und niemand bemerkte
das Nahen des Stammelns aus Hades Gemunkel

Moiren zogen am Lebensfaden umwoben
die Pfründe am Schäferbach
Styx erwachte aufflogen Raben aufbrach
die Schlucht in laut tosendem Krach

aufschreckten die Trunk`nen aus Freuden und Lüsten
das Stöhnen der Tiefe aus Abgrund und Wehen
ein Trauerspiel schrillte Erinnyen lachten
die Musen des Schönen mussten vergehen

die Schlucht aber blieb fortan ein Zeichen
auf jene zu warten die unfertig sind
Kalliope allein wacht nun hinter den Fichten
und schützt vor dem Abgrund ein spielendes Kind

Nachtfahrt

Geläuf des Jahres
böscht den Grat
auf der Höhe der Farben

ungehinderte Ströme
füllen sich mit Kiesel
löschen den Schutt
in der Senke der Zeit

talwärts
stürzen Wolken
in den Dunstkreis

wo uns die Nacht
vor dem Dämmern
wuchs

wo der Kahn
im dunklen Fluss
Kreise zieht
für die verlorene Stunde

in der das Herz
im Verborgenen schlägt

Wolfsland

Mir fiel das Wandern ein,
gehen, laufen, klettern,
dem Sprung entgegen,
der die Brücke in zwei Hälften teilt.

Welcher Wolf lauert
dort, wo das Heulen ängstigt,
das Schaudern wartet?

Nimm die Nachtlaterne mit,
wenn die Wege nicht zu erkennen sind,
der Horizont sich verschleiert hat.

Vor dem Licht
fürchten sich
Raubtiere und andere Zeitgenossen.

Riss der Finsternis

Wenn die Lämmer schweigen
steigt das Dunkel.
Wölfe heulen,
fletschen die Zähne
vor dem Riss der Finsternis.

Wer Licht ins Fenster stellt,
scheut Raubtiere.

Manchmal sind Zäune bissfest,
die Kleider weit genug.

Am geschmeidigen Leder
bleibt nichts hängen
weiß der Schneider.

Wortgefecht

Ach, Sturmgebraus
aus Worten und Blicken. -
Wer spricht mit dem Mond,
wer mit der Sonne?

Wie viel Vertobtes,
Schockwellen
des Unglücks.

Nein, das Gefühlte
duckt sich nicht
unter Wolken
hinweg.

Wenn der Damm bricht,
reißt der Abfluss
die Verstopfungen
aus dem Überfluss.

Im Sonnenspiegel
tauchen Fische auf
und schnappen nach Luft.

Elisabeth und der Tod

Jenseits des Lichts flackern Kerzen,
  dunkler Versuchung geweiht,
Kreaturen sich lösen,
  Tod, du Verführer der Nacht,
lächelst mit süßem Verzücken,
  lockst mit blutvollem Kuss,
Augen, die wissen, bestechen,
  Wilderer, gnadenlos schön.

Gnadenlos drängender Teufelskreis,
  Leidenschaft, Spiel mit der Zeit.
Immer wieder suchst Nähe du,
  der nicht ablässt von mir.
Rufst aus dem Schattenland Namen,
  tauchst in Gesellschaften auf,
unerkannt bleibt, was du tust mir,
  unerkannt bleibt, was ich spür.

Herzschrei, reißende Strömung,
  glühende Glut lodert auf,
schickst den Vollstrecker der Sehnsucht,
  sticht in mein Herz, du gewinnst.
Schlingst mich ein, greifst meinen Körper,
  nimmst dir mein Wesen, das dein.

Tod, du Verführer der Nacht,
  nun bin ich ganz und gar dein,
niemand wird trennen uns,
  jeder wird nennen uns
Liebespaar einer anderen Zeit
  Tod, du Verführer der Nacht,
Herrscher mit Totenschrein,
  küsst mich mit Finsternis,
scheust keine Bitternis,
  niemand ist vor dir gefeit.

im Musical Elisabeth am 21.12.03

Hänsel und Gretel

Wenn der Lotfall des Lichts,
Laternen gleich,
das Nachtfenster schließt,
beginnt die neue Zeit.

Ich entstaube die Kleider,
entschleiere die Augen,
sammle die Körner.

Der Weg zurück
von Gänsen
aufgepickt.

Weit, wie weit
ist der Weg,
der auf mich wartet.

Kurvendiskussion
ohne Nullstellen.

Erster Frost

Die letzten Blätter im Geäst verknittern.
Der Wind ein Krähennest im Baum entblößt
und grauen Flaum aus seinen Ritzen stößt,
zerbrochene Zweige von den Rändern splittern.

Die Wildschweine grunzend nach Nahrung wittern,
vom Hungern sich die Rotte selbst erlöst.
Die Fledermaus in ihrer Höhle döst.
Wer vorgesorgt, wird nicht am Frost verbittern.

Ich wandre durch das Dunkel in den Morgen,
die Sonne wartet, ehe sie sich zeigt,
am Horizont der Mond sich trunken neigt.

Ich will das Licht aus alten Tagen borgen,
dass es mich wärmt und hellt die düstre Zeit,
doch alles Sehnen ist wie Einsamkeit.

Lichtwechsel

Die Nacht endet, wenn die Dämmerung beginnt. Während der astronomischen, der dunkelsten Dämmerungsphase, steht der Sonnenmittelpunkt achtzehn Grad unterhalb des Horizonts. Die meisten Sterne am Himmel sind sichtbar. Bei klarem Himmel taucht ein Dämmerungslicht oder der Tagschimmer auf. Ist der Himmel bewölkt, kann das erste Licht erst in den späteren Dämmerungsphasen wahrgenommen werden, denn der bewölkte Morgenhimmel erscheint grau. Weshalb man auch von Morgengrauen spricht. Ist hingegen kein Wölkchen zu sehen, strahlt der Morgenhimmel in tiefen Blautönen.

Wandert die Sonne zwölf Grad unter den Horizont, löst die nautische Dämmerung die astronomische Dämmerungsphase ab. Zwar befindet sich die Sonne noch unterhalb des Horizonts. Die Erdatmosphäre reflektiert jetzt jedoch die Sonnenstrahlen, die den Morgenhimmel erhellen. Er erscheint in Rot- oder Orangetönen. Bei gutem Wetter kann man die helleren Sterne und Planeten sehen. In der Seefahrt kann zu diesem Zeitpunkt mithilfe des Sextanten die Höhe der Sterne über dem Horizont gemessen werden und so die Position bestimmt werden. Diese nautische Navigationsmethode gab der mittleren Dämmerungsphase ihren Namen.

Steht die Sonne sechs Grad unterhalb des Horizonts, beginnt die bürgerliche Dämmerung, die hellste Phase vor dem Sonnenaufgang. Der flache Tiefenwinkel bewirkt, dass die Erdatmosphäre nun einen großen Anteil des Sonnenlichts reflektiert. Der Filterungsprozess durch Aufnahme von Staub- und Wasserpartikel auf dem Weg zur Erdatmosphäre nimmt dem Sonnenlicht die Helligkeit. Hinzu kommt, dass die Luftmoleküle das blaue und violette Lichtspektrum streuen und diese sog. Rayleigh-Streuung vor allem oranges bis rotes Licht übrig lässt. Somit verringert sich auch die Farbtemperatur, das Licht erscheint golden, wärmer und weicher. Diese Dämmerungsphase wird als goldene Stunde bezeichnet, für Fotografen und Filmemacher die beste Zeit für Aufnahmen. Wie lange die goldene Stunde anhält, hängt vom Breitengrad ab. Je höher der Breitengrad, desto länger dauert sie an. Bei vierzig Grad kann dies eine Stunde sein, bei sechzig Grad neunzig Minuten. Innerhalb der Polarkreise sinkt die Sonne im Sommer nicht unter sechs Grad, weshalb sie nicht mehr untergeht. Es sind Polartage, auch weiße Nächte genannt, wenn durchgängig bürgerliche Dämmerung herrscht. Dies geschieht um den Zeitpunkt der Sommersonnenwenden, auf der Nordhalbkugel im Juni und auf der Südhalbkugel im Dezember, wenn die Sonne senkrecht über dem jeweiligen Wendekreis steht.

CB&O

„Wenn die Nacht am dunkelsten ist, ist die Dämmerung am nächsten." Aus Amerika

„Dämmerung gleicht aus: Was verschlafen ist, kommt zu sich, was überdreht, findet zur Besinnung." Raymond Walden, Autor

„Man liebt sich in der Dämmerung, heiratet bei Kerzenschein, aber zusammen leben muß man bei Tageslicht." Aus Portugal

Aussichten

Die längste Nacht wird nicht der Sonne weichen.
Sie bleibt zurück, lässt sich in Blicken nieder.
Das Grauen und den blut'gen Ernst erkenn ich wieder.
Er lähmt das Herz, es muss hinüber schleichen.

Und all die Kämpfe um das eigne Wollen,
sie kosten meine Kraft und lassen mich ausbluten.
Doch will ich leben, muss sich mein Körper sputen,
sonst bin ich schnell im Lautlosen verschollen.

Ein einziger Moment reicht aus, um Luft zu holen.
Versäumen wäre tödlich, er wird nicht wiederkommen.
Hab' ich die Fährte wieder aufgenommen,

beginnt der Kreislauf neu mit seinen Kapriolen.
Die Lust und Laune ist zurückgekommen.
Den Gipfel neu zu stürmen hab ich mir vorgenommen.

Nemesis

Das Meer hängt schief
Planeten verließen ihre Umlaufbahn

Sternenverlust an der Himmelsfront
im All droht Lichtausfall

Die Genesis kehrt zu ihren Anfängen zurück
und es ward Morgen und es ward Abend

die Rückkehr der Nacht
gibt den Sternen ihren Glanz zurück

Licht für den ersten Tag der Schöpfung

Verdunklung

Graue Verdunklung trübt den frühen Herbst,
Dämmerungsschatten werfe ihre Netze
über Häuser. Was du von späten Rosen erbst
verbleibt dir bald als Hagebuttenschätze.

Die Schatten wandern, wenn der Nordwind bläst,
sie wühlen in den Köpfen, schärfen Blicke.
Wo Fuchs und Reh im kühlen Forst geäst,
das Mondlicht flackert im Geläuf der Ricke.

Kein Traum, der Zeit entwirrt, kein Lächeln,
nebliges Gähnen wie die stummen Leeren
verlass'ner Häuser, ein letztes Sehnen, ein Hecheln
nach Vertrautem, nach Nähe, ein Verzehren.

So viel Verdunklung, in der sich Schatten bündeln
in der späten Stunde zur geschloss'nen Wand.
Wenn Sonnenfunken wie die Blitze zündeln
stirbt die Nacht als morgendlicher Feuerbrand.

Nachtabzug

Wolkenfunken
fiebertrunken
karminrot
zerzaust

Lichtsprenkel glühen
im frühen Nachtabzug
doppelbelichtet

Im dunklen Fall

Im dunklen Fall fällt der Himmel über Nacht
dämmert Licht das aus Fenstern stäubt
Laternen brennen so falb so fahl
unter Sternen eine Sohle ins Tal

die Höhle des Schlafs legt sich tiefer dazu
mein Traum will nicht träumen was ich träum'
wärme mich wenn schon der Himmel fällt
wenn wir wachen am Rand stummer Qual

wenn wir weinen im Schlaf weil der Himmel fällt
weil die Sterne ertrinken im Grund
wenn der Morgen bellt wie ein wunder Hund
flaggt der Mond das Sonnensignal

flaggt und zieht sich zurück hinters Wolkengebräu
das ein Dunkel uns kühl hinterlasst
bis perlender Tau die Wärme nässt
wärm mich wieder im hellenden Lichterfest
vor dem Spiel um Kopf oder Zahl

Nebelreiter

Der volle Mond vergeht, die Erde dreht sich weiter,
am tiefen Horizont die weiße Scheibe flirrt
und Vögel fliegen auf, von Dämmerung verwirrt.

Aus feuchter Erde sprüht der frühe Nebelreiter
ein Netz aus Tropfenfäden aus seinem Wolkentross,
verbindet Tal und Gipfel, frischt auf das Morgenschloss.

Der Sonne Lichtgebilde von gegenüber blitzt
und alles, was sich windet mit Wolkendunst und Grau,
mit nassen Händen kündet von Niesel, lauem Tau.

Von ihren roten Strahlen sich zaudernd leicht erhitzt
der blasse Tagesschimmer, der sich am Grau verdross.
Wo Dunkelheit entschwindet, ein blauer Tag entspross.

Zeitkreis

Wenn die Nebel fallen
schallt die Stille
schwillt der Morgen
borgt sich Lichtseide
für die Nachtnaht

Sternenspäne blinken
versinken im Zeitkreis
schweißen die Stunde
runden den Blaubogen
am Sonnengrat

Trümmerbruch

Im alten Schuppen
fällt das Brett von der Wand,
das die Wände zusammen hielt.

Jetzt hat der Abriss
die Böden erreicht.
Regenwürmer wühlen
durch Grund und Boden
lockern die letzten Bestände
bis alles zusammen fällt.

Dämmerung wirft
neues Licht
in Ruinen.

Aus den Trümmern
wurde eine neue Stadt erbaut,
heißt es.

Daunenzauber

Die Nacht verblasst
das Schimmern des Blattgolds
am Horizont

ruft ein Wandervogel
einsam vom Meer herüber
bricht das Schweigen
Zauber weißer Daunen

mir lächeln Dächer
das Dunkel von der Seele
öffnen Fenster jeglichen Morgen

magischer Moment des Lichtwechsels
wenn sich die Farbpalette aufgetragenen Lebens
aus der Nebelbank schält

wie ein Fahrer
der den Kesselraum im Schiffsrumpf schürt
ohne auf den Kompass zu schauen

Boote

Ach ihr bemannten Boote
folgt der einprogrammierten Richtung
in alle Fernen der Fahrt

schwerfällig bewegt
die Kompassnadel
das Kommando der Kapitäne

doch die Matrosen reisen
von Hafen zu Hafen
von Heuer zu Heuer

das restliche Silber verspielt der Mond
wenn er die Sternbilder verträumt
den Sonnenaufgang mit falben Farben säumt

ein Fischer wirft seine Netze aus
in den Wirren der Morgendämmerung

Nebelgrau

Nebel tanzen Ringelreihen
um die Laute der Silbersichel
eine Sibylle des Lichts

das Laubenhaus fußt
auf tiefen Wurzelstöcken im Schilf
im klaffenden Geäst
hängt der Biber Moos auf

dort wo unter dem Blick der Eule
ein Schwan durchs Röhricht schlendert
ausgestoßenen Schreis
schlägt die goldene Ewigkeit
den Sinn aus dem Dunkelbann

umwerbend die Lebensbraut
der Nebelgeister

Sternennebel

Das Meer flutet auf im Sternennebel
riesige Nachtgespenster wachsen
durchschwimmen
zwischen frühem Vogelruf und Goldglanz
die Seiten

von jähem Wellenschlag durchwühlt
schlürft ungeheure Trunkenheit
von der Dämmerung Morgenrot
späht noch nach bodenloser Tiefe

wes Blicks ist das erwachende Leben
mystische Sehnsucht nach dem Irgendwo
in der Ausgeglichenheit der Stunde

Aufleuchtendes schwingt nieder
und das Taubenpaar
verschwindet im Drehmoment
schäumender Gischtgesänge
Wolkenflaum entfedert

Monduntergang

Der gebirgige Mond wirft seine Umrisse
über die Grate der Dächer
wandert durch die Straßen des Morgens
im hellenden Blau des sternverblassten Horizonts

kühl fegt der Windbläser über Straßen
wirbelt den Staub vergangener Tage auf
Nachtlaternen werfen Schatten
auf die knospenden Gärten

Frühaufsteher sehen auf die Uhr
gefangen im alltäglichen Zeittakt
stehen vor Ampeln und warten
auf den grünen Startschuss

der Tag beginnt
mit Fußtritten und Motorengedröhn
ein heimatloser Hund bellt vereinsamt
schnüffelt mit feuchter Schnauze
den Gerüchen des Lebens hinterher
angetrieben von der Hoffnung
doch noch fündig zu werden

Ach die frühen Nebel

emporgewoben vom See
und das trübliche Aug
nicht Schattenschemen
Flügelschlagen vor den
Umrissen entfernter Ufer

mir treibt die Dämmerung
ein kautziges Rufen ans Ohr
der Wind pfeift eine Seite
dem unkenntlichen Boot
auf dem das Leben in den Tag
schippert

mit langsamer Fahrt
unter dem Segel
des Morgengrauens

Stiller Tag der Ernte

Das Schwarz entflieht dem Tag es schwindet das Besternte
das Licht die Nachtigall erfliegt und debütiert
mit hellem Klang sie Heinrich Heine rezitiert
als frühes Morgenrot die Dunkelheit entkernte

der Sonnenwind erzählt vom stillen Tag der Ernte
und auf dem grünen Hain ein Schmetterling vibriert
ein Käfer huscht und Blüten flattern ungeniert
der Hahnenschrei ertönt verkündet das Gelernte

Ein Lächeln mir geschenkt es fiel aus andren Tagen
als deine Stimme noch in meine Worte drang
und Kummer ganz und gar im Nu dein Kuss verschlang

in diesem Frühjahr müssen ihn die Träume jagen
was einst natürlich schien und liebend uns verband
im Leben sich verlor im Werden neu gebannt

Nacht fällt ins Licht

Aus diesem Nachtgewand
das der Stille der Träume
Vision und Geheimnis beließ
und sein Anthrazit über den Morgen ergoss
spinnen Sehnsucht und Wünsche
ein Tuch aus Seide

Über dem Lichtbogen
schwirrt der Glanz
der den Tag anruft
und den Träumenden ins Leben stürzt
in die Welt, die laut ist und hell

Kein Hadern kann das Entrinnen
der Dunkelheit brechen
die mit ihrem Rückzug
die Wirklichkeit entblößt
und das Gebäude des Tags aufschließt

Die Geburtsstunde leuchtet
jene Stunde, die uns die Nacht nicht nimmt
und das Erwachen erzwingt

Der Tag wächst ins Blaue
und mit ihm
das Sterben der Zeit

Wintergrimm

Unter tiefhängendem, schneeblindem Himmel
erstarrtes Grünland, hessischer Spessart,
tiefgefroren, schockgefrostet vom Silvesterlärm.

Hoch lockt das Wolkenhaus Kältedunst
aus dem Boden, weiße Silben,
die der Neujahrsmorgen ausstottert
wie Vorsätze, Wunschgedanken, Hoffnungen;
sie verhauchen Schicht für Schicht.

Dort wächst Frost, der weiße Stacheldraht,
Äste klirren wie Silberlinge im Wind,
ein Reich der Eiskönigin, Schwänin kalter Märchen.
Dir schlägt das Herz im Einsamen, Leblosen.

In naher Ferne krachen Hexen
durch die Steinheimer Wehrmauer,
schlagen die Märchentür zu,
rau, kratzig, kaltschnäuzig
und singen: „Kusper, knusper, Knäuschen,
wer knuspert an dem Häuschen?"

Durch die Tore ziehen Wintergnome.
Ach Grimmstadt, dir droht
der versfüßige Buchwurm mit Seitenverlust.

Kein Tier, das zu finden wär,
kein Zwerg, der Schneewittchen beweint,
nur Schwaden, die durch die Landschaft ziehen,
silbergrau, aschkalt, verschleiern die Aussicht,
vernebeln Kirchtürme mit Glockengang
bis zur vollständigen Auflösung.

Orakel

Bäume, aufgereiht, Grenzpfähle der Ackerflächen,
aufragende Eisskulpturen, Märchenfiguren.
Vögel vereint, kauern in den Astkronen,
auf Rutschbahnen mit Gongschlägen,
zitternd gekrümmt und halten Stillmesse.

Hellweiße Wuschelköpfe der Randbepflanzungen
irren hinter der Abfahrt Oberolm auf den Hügeln,
eisgekühlte Rebstöcke, starrästig, windgedämmt,
springen im Eiltempo von Fensterausschnitt
zu Fensterausschnitt.

Die Autobahn gleißt durch einen Dunkelschimmer,
Trüblichter eines Nebeltunnels
inmitten des Spaliers aus Eisbäumen,
metallischer Reifenklang pfeift.

Ein immer weißeres Weiß
spiegelt sich von Seite zu Seite,
vom Himmel zur Erde.

Geistervögel krähen im Sichtflug
über das Autodach hinweg,
stürzen von Lichtloch zu Lichtloch,
die Auguren des Neujahrs
orakeln in den Koloriten des Weißbluts.

Wintermystik

Im grauweißen Geäst wacht ein Bussard,
Argusaugen im Kältenebel,
der tieflandig, frosthäutig,
Wolkenschichten vermehrt, bestürmt,
aufhäuft einen dunkelgrauen Turmbau zu Babel.

Der Landschaft vielsprachige Krümmung
hügelt heran, trichtert das Asphalttal
Schlucht für Schlucht,
keine Ausflucht für Reifendreher.

Links und rechts haften Bäume
wie Reißnägel an den Seitenwänden,
strecken braunrote Laubreste von den Ästen,
als müssten sie den Winter
von der Wachstumspause überzeugen.

Gerodete Feldflächen wechseln mit
weißgesichtigen Äckerböden im tiefgrundigen Raum.
Ach, welch mystischer Pinselstrich des Winters,
Ahnung in weißen Konturen,
Malerei eines Glimmstängels mit Silberblick,
übertüncht das Graue des Tags
wie Frostverluste schwarzhalsiger Rauchfahnen.

Die sich selbst erfüllende Zeit

Ich sehe das Grau der verlöschenden Dämmerung
und entsteige der Nacht, lichtbegossen.
Die Stille weicht, muss weichen vor dem, was kommt.
Viel lieber brächte ich ein Opfer den fliehenden Altären.

So bleibt nichts weiter übrig,
als den hellen Brechungen der Himmelsuhr zu folgen.
Die Straßen zittern noch unter dem Gewölk.
Stundenhände ziehen es hinfort.

Wozu das Umherschauen, wenn ich alles schon kenne,
die Farben der Ampeln, Kreuzungen und Hupgeräusche.

Man sagt, Wiederholung gebe Sicherheit.
Die einzige Sicherheit, die ich spüre,
ist die sich selbst erfüllende Zeit.

Lichtkampf

in der Himmelsarena
thront der König der Finsternis

auf den Bänken der Wolken
Gefolge der Zeitprinzessin

Windritter fechten
um die Lichtkrone
tragen ein Banner aus Goldlametta
am Morgenschwert

Funkensplitter klirren
zersieben das Dunkelschild

Unberührtes errötet
vor der hellen Huldigung

Sonnenaufgang

Die Fenster haben den Rahmen gewechselt,
der Himmel die Wolken getauscht.
So ist es jedes Frühjahr
nach winterkalten Aussichten.

Die Sommer brannten im Herz,
der Wind fächelte Linderung.
Alles kühlte sich ab,
wenn der Herbst den Blätterabgang befahl.

Alle Jahreszeiten
schmückten den Kalender.
Wie viele Monde auch gingen,
folgten Sterne ihm nach.

Der Schlaf der Erinnerung,
geweckt vom Flügelschlag der Schwäne.
In den Schuhen noch Schweiß und Blut
des Nachtgangs.

Jetzt strahlt das Licht
von den Hügeln, abgöttisch, hell,
Landnahme Tag für Tag.
Alles Liebende zu Füßen.

Literaturverzeichnis Sachtexte

Biedermann Prof. Dr. Hans: Knaurs Lexikon der Symbole. Knaur Verlag, 1998. S. 87, 373, 400.

www.biologie-wissen.info

Boehme Reinhold: Zur Geschichte der Zeitmessung. 1999. http://homepage.ruhr-uni-bochum.de/reinhold.boehme/ringvorlesung/(node8.html

Geißler Prof. Karlheinz A.: Die Zeiten ändern sich. Vom Umgang mit der Zeit in unterschiedlichen Epochen.. In: Aus Politik und Zeitgeschichte B 31/99 vom 30.7.99, S. 3-10

https://www.gesundheitsinformation.de/was-ist-normaler-schlaf.html

Hewener Vera: Von der guten alten Zeit zur Non-Stop-Gesellschaft. In: Zeitpresse. Ausgabe Frühjahr 2004. Hrsg. Verein zur Verzögerung der Zeit. Klagenfurth. Österreich. (https://www.zeitverein.com/wp-content/uploads/2016/03/200401_ZEITpresse_Vorschau.pdf)

https://hongi.com/blog/schlaf-lifestyle/biologische-geisterstunde-mitternacht/ abgerufen 21.2.2022

Roberts J. Morgan: Mythologie der Griechen und Römer. Athenaion Verlag, 1997. S. 10 ff.

https://psychoscout.de/news/warum-du-nachts-oft-um-die-gleiche-zeit-aufwachst-und-das-gar-nicht-schlimm-ist

Rothfischer Kathrin: Mittagsschlaf – Siesta und Powernapping. abgerufen 01.02.2022 www.mylife.de/gesunder-schlaf/mitttagsschlaf abgerufen 14.01.2022

Scheuerer Kurt: Mythologie. Sonne und Mond – Zeitanzeiger. 1987. http://www.bingo-ev.de/~ks451/antike/zeit.htm

Scheuerer Kurt: Antike Zeitrechnung. Stunde, Jahr, Monat. ?. 1985. http://www.bingo-ev.de/~ks451/antike/zeit.htm

Scheuerer Kurt: Antike Zeitangaben in der Römischen Republik. Zum Kalender der römischen Republik. 1987. http://www.bingo-ev.de/~ks451/antike/zeit.htm

https://www.somnolab.de/gesunder-schlaf/schlafbeduerfnis/
https://www.stiftung-gesundheitswissen.de/gesundes-leben/koerper-wissen/schlaf-warum-wir-ihn-brauchen abgerufen 14.01.2022

https://www.timeanddate.de/finsternis/totale-mondfinsternis

Vorster Albrecht: Wie gelingt ein erholsamer Mittagsschlaf? www.swr.de/wissen/1000-antworten/wie-gelingt-ein-erholsamer-mittagsschlaf-100.html abgerufen 14.01.2022

www.wikipedia.de

Bücherliste

Vermisstenanzeige. Gewidmet den ermordeten Juden des Naziregimes. Lyrik und Prosa. Vera Hewener. Libri BoD. Norderstedt 2000. ISBN 3-8311-0748-3. 2. erw. Auflage 2014. ISBN 978-3831107483.

Lichtflut. Reisenotizen. Lyrik und Prosa. Vera Hewener. Edition Calamus. Norderstedt 2001. ISBN 3-8311-1493-5. 2. erw. Auflage 2014. ISBN 987-3831114931.

Eine Neigung aus Blau. Gegenwartslyrik. Vera Hewener. Norderstedt 2002. ISBN 3.8311-3334-4. 2. Auflage 2014. ISBN 9783831133345

Bist Himmel mir und tausend Feuerfunken. Gedichte. Vera Hewener. Mauer Verlag. Rottenburg a/N. 2003. ISBN 3-937008-46-2.

Verwirbelungen der Zeit. Vera Hewener. Lyrik mit Bildern von Carolin Isele. WiKu Éditions Paris E.U.R.L. Paris und WiKu Verlag KG Berlin 2005. ISBN 3-86553-203-9.

Es kommen andere Ewigkeiten. Gedichte. Vera Hewener. WiKu Édition Paris ISBN 2-84976-0188 WiKu Verlag 2007. ISBN 978-3-86553-189-6.

Himmelsstürme. Vera Hewener. Gedichte mit Fotografien. edition Wort Verlag Bitburg 2010. ISBN 978-3-936554-00-3.

Das Jahr: Dichtung in vier Sätzen. Vera Hewener. Gedichte mit Fotografien. BoD Books on Demand Norderstedt 2013. ISBN 978-3-7322-3168-3.

Zaubervolle Winterwelt. Gedichte, Geschichten, Notizen. Vera Hewener. Verlag BoD Books on Demand. Norderstedt 2014. ISBN 9783735761262.

Frühlingsserenade. Die schönsten Gedichte, Geschichten und Notizen zur Frühlingszeit. Vera Hewener. Verlag BoD Books on Demand. Norderstedt 2015. ISBN 978-37347-3140-2.

Die Blüte des Sommers. Sommeranthologie. Die schönsten Gedichte, Geschichten und Kalendernotizen. Vera Hewener. Verlag BoD Books on Demand. Norderstedt 2015. ISBN 978-3-7347-89540.

In der Saar schwimmen keine Krokodile. Gegenwartslyrik & Texte. Vera Hewener. Verlag BoD Books on Demand. Norderstedt 2015. ISBN 9783738635676

Von Lorraine nach Aquitaine. Reisenotizen in Lyrik und Prosa. Vera Hewener. Verlag BoD Books on Demand. Norderstedt 2016. ISBN 9783741210860.

Du trocknest meine Tränen wieder. Religiöse Lyrik & Texte. Vera Hewener. Verlag BoD Books on Demand. Norderstedt 2016. ISBN 9783743113589.

Zaubervolle Jahreszeiten. Der Frühling. Vera Hewener. Verlag BoD Books on Demand. Norderstedt 2017. ISBN 9783743125117.

Aus meinem Federkiel. Magische Momente. Natur & Seele. Gedichte. Vera Hewener. Verlag BoD Books on Demand. Norderstedt 2017. ISBN 9783744870511.

Zaubervolle Jahreszeiten. Der Sommer. Vera Hewener. Verlag BoD Books on Demand. Norderstedt 2017. ISBN 9783744870993.

„Kerzen, Wunder, Himmels-Zunder". Vera Hewener. Lustige und besinnliche Geschichten und Gedichte zur Advents- und Weihnachtszeit. Verlag BOD Books on Demand. Norderstedt 2017. ISBN 9783744893824. 2. Ausgabe 2019. ISBN 9783738629682.

Die Jahreszeiten: Auslese. Gedichte. Vera Hewener. Verlag BOD Books on Demand. Norderstedt 2018. ISBN 9783738636017

Werkausgabe Band I. Frühe Gedichte 1970-1999. Verlag BOD Books on Demand. Norderstedt 2018. ISBN-13: 9783746025292

Kinder, Hund, Familienbund. Lustiges, Tierisches und Allzumenschliches in Lyrik und Prosa. Vera Hewener. Verlag BOD Books on Demand. Norderstedt 2018. ISBN 9783746056821

Zaubervolle Jahreszeiten. Der Herbst. Vera Hewener. Verlag BoD Books on Demand. Norderstedt 2018. ISBN 9783752842135

Christnacht, Glocken, Engelslocken. Gedichte und Geschichten zur Weihnacht. Vera Hewener. Verlag BoD Books on Demand. Norderstedt 2018. ISBN 9783748107637. 2. Ausgabe 2019. ISBN 9783741251641

In der Saar feiern die Fische. Gegenwartslyrik & Szenen. Vera Hewener. Verlag BoD Books on Demand. Norderstedt 2019. ISBN 9783732237142. 2. Auflage 2020. ISBN 9783752810080

Von Brandasund bis Nasholim. Reisegedichte, lyrische Ausflüge, Geschichten und Notizen. Vera Hewener. Verlag BoD Books on Demand. Norderstedt 2019. ISBN 9783732235841.

Tannen, Lobgesang, Weihnachtsklang. Gedichte, Geschichten, Liedtexte und Bühnenstücke zur Advents- und Weihnachtszeit. Vera Hewener. Verlag BoD Books on Demand. Norderstedt 2019. ISBN 9783750400030.

In der Saar tanzen die Schwäne. Gedichte, Geschichten & Szenen. Vera Hewener. Verlag BoD Books on Demand. Norderstedt 2020. ISBN 9783751921060.

Zaubervolle Weihnachtswelt. Geschichten, Gedichte, Stücke & Notizen zur Advents- und Weihnachtszeit. Vera Hewener. Verlag BoD Books on Demand. Norderstedt 2020. ISBN 9783752606409.

Weihnachtsklang, Lobgesang. Deutsche Gedichte und Nachdichtungen internationaler Weihnachtslieder, Gospels, Spirituals und deutsche Weihnachtslieder in moselfränkischer Mundart. Vera Hewener. Verlag BoD Books on Demand. Norderstedt 2020. ISBN 9783752606393.

Sodom und Camorra. Kurze Bühnenstücke für viele Gelegenheiten. Vera Hewener. Verlag BoD Books on Demand. Norderstedt 2020. ISBN 9783752606386

Oh Frühling, komm! Natur, Stadt & Land. Die schönsten Frühlingsgedichte. Vera Hewener. Verlag BoD Books on Demand. Norderstedt 2021. ISBN 9783753439594

Oh Sommer, leuchte. Natur, Stadt & Land. Die schönsten Sommergedichte. Vera Hewener. Verlag BoD Books on Demand. Norderstedt 2021. ISBN 9783753421414

Oh Herbst, wandle!. Natur, Stadt & Land. Die schönsten Herbstgedichte. Vera Hewener. Verlag BoD Books on Demand. Norderstedt 2021. ISBN 9783754320655

Oh Winter, schneie! Natur, Stadt & Land. Die schönsten Wintergedichte. Vera Hewener. Verlag BoD Books on Demand. Norderstedt 2021. ISBN 9783754347034

Das kleine Tännlein. Die schönsten Weihnachtgeschichten. Vera Hewener. Verlag BoD Books on Demand. Norderstedt 2021. ISBN 9783755701705.

Denn die Zeit ist des Ewigen Aufgang. Zeitgedichte von der Morgenröte bis zur Abendstunde. Vera Hewener. Verlag BoD Books on Demand. Norderstedt 2022. ISBN 9783755738756